Impressum
Verlag: BABADADA GmbH, Nedderfeld 112 , 22529 Hamburg
Geschäftsführer / Verlagsleitung: Harald Hof
Druck: Books on Demand GmbH, In de Tarpen 42, 22848 Norderstedt

Imprint
Publisher: BABADADA GmbH, Nedderfeld 112 , 22529 Hamburg, Germany
Managing Director / Publishing direction: Harald Hof
Print: Books on Demand GmbH, In de Tarpen 42, 22848 Norderstedt

dibistan
école

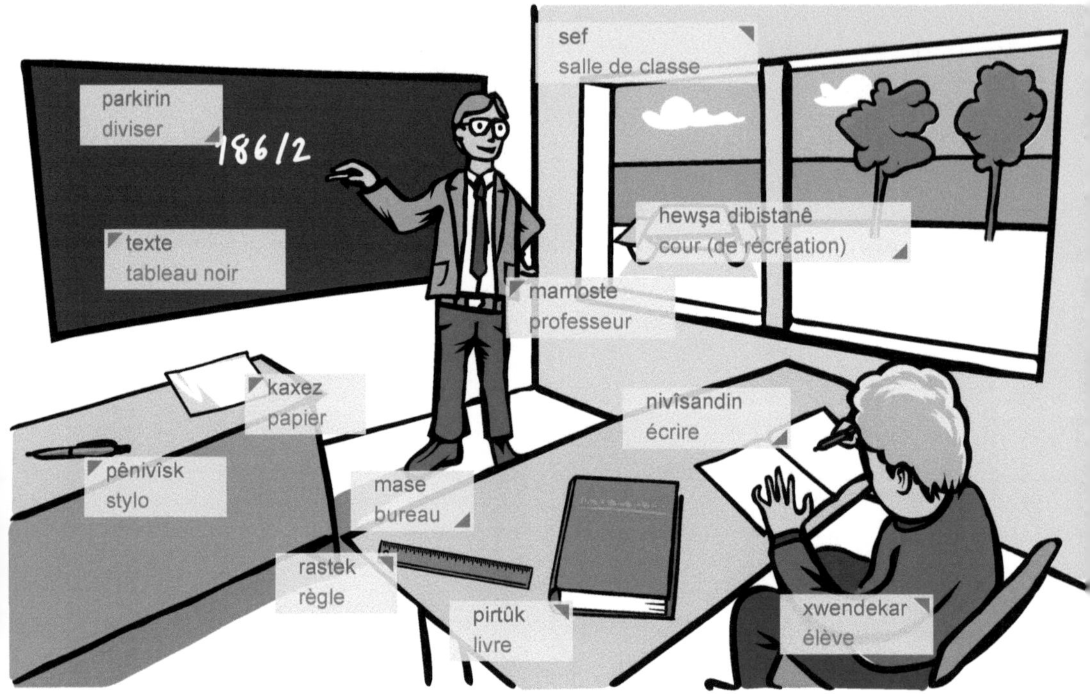
sef
salle de classe
parkirin
diviser
186/2
texte
tableau noir
hewşa dibistanê
cour (de récréation)
mamoste
professeur
kaxez
papier
nivîsandin
écrire
pênivîsk
stylo
mase
bureau
rastek
règle
pirtûk
livre
xwendekar
élève

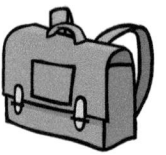

çewal

cartable

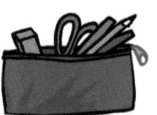

qûtî nivîstok

trousse

qelemrisas

crayon

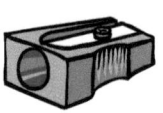

nivîstok tûjkir

taille-crayon

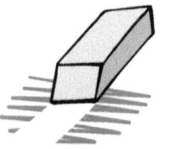

jêbir

gomme

nivîska nîgarê

carnet à dessin

nîgar

dessin

firçeya rengê

pinceau

qûtî reng

boîte de peinture

meqes

ciseaux

lezaq

colle

pirtûka fêrbûn

cahier d'exercices

wezîfa malê

devoirs

hejmar

chiffre

zêdekirin

additionner

derxistin

soustraire

zêdekirin

multiplier

hesibandin

calculer

tîp

lettre

alfabe

alphabet

peyv

mot

nivîsê
....
texte

xwandin
....
lire

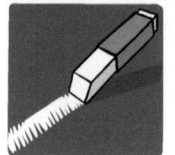

geç
....
craie

ders
....
leçon

qeydkirin
....
livre de classe

îmtîhan
....
examen

şehade
....
certificat

kinca dibistanê
....
uniforme scolaire

perwerdehî
....
formation

zanistname
....
lexique

zanîngeh
....
université

mîkroskûp
....
microscope

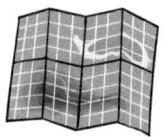

xerîte
....
carte

sepeta kaxezê
....
corbeille à papier

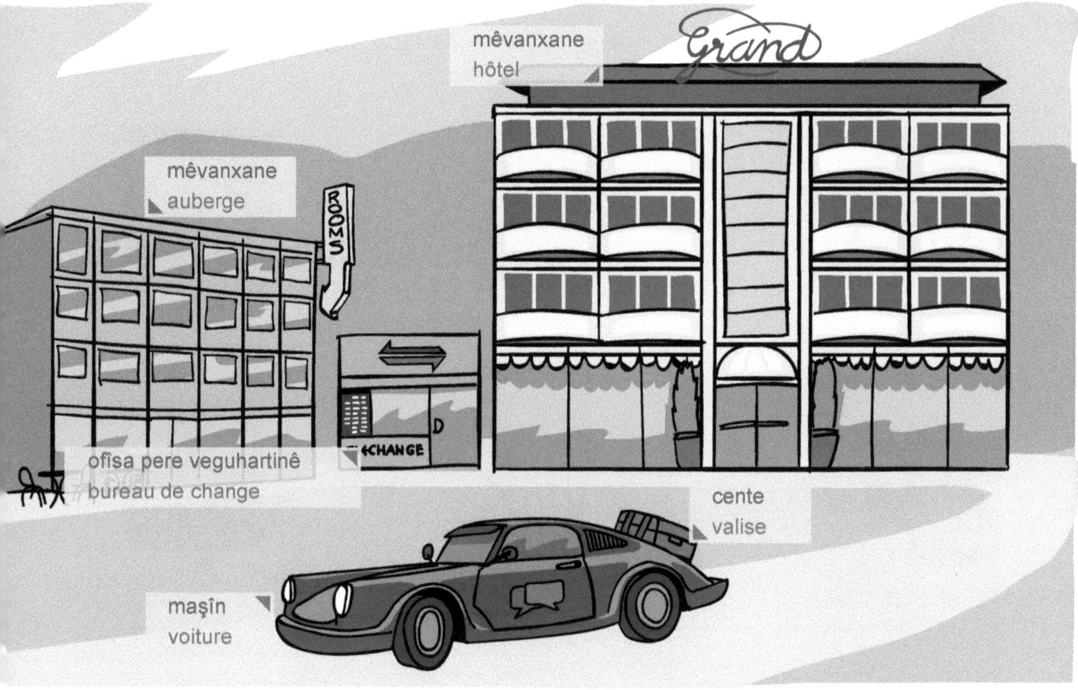

mêvanxane
hôtel
Grand
mêvanxane
auberge
ROOMS
CHANGE
ofîsa pere veguhartinê
bureau de change
cente
valise
maşîn
voiture

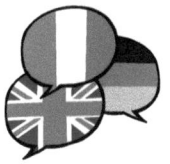

ziman

langue

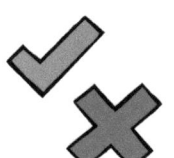

belê / na

oui / non

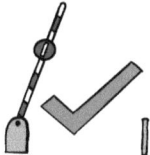

baş

d'accord

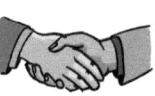

silav

Salut

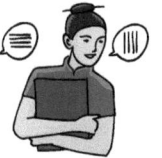

wergêra nivîskî

interprète

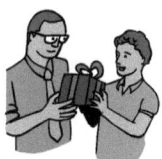

sipas

merci

bihayê … çi qase?

Combien coûte...?

ez fam nakim

Je ne comprends pas

pirsgirêk

problème

êvarbaş!

Bonsoir !

beyanî baş!

Bonjour !

şev baş!

Bonne nuit !

xatirê te

Au revoir

alî

direction

hûrmûr

bagages

çente

sac

çente pişt

sac-à-dos

mêvan

hôte

ode

pièce

came xew

sac de couchage

çadir

tente

agagiyên gerokan

office de tourisme

rexê avê

plage

kartê qerzê

carte de crédit

taştê

petit-déjeuner

firavîn

déjeuner

şîv

dîner

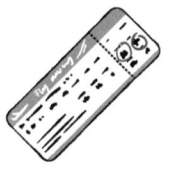

kart

billet

asansor

ascenseur

pûl

timbre

tixûb

frontière

gumirk

douane

balyozxane

ambassade

vîza

visa

pasaport

passeport

guhaztin
transport

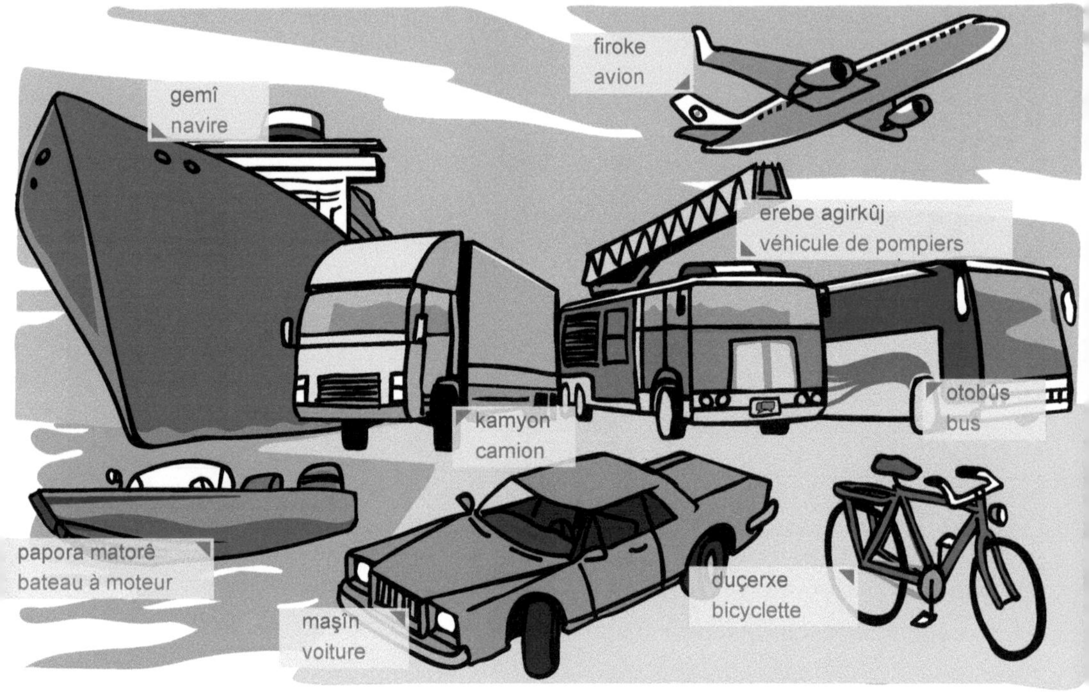
firoke
avion
gemî
navire
erebe agirkûj
véhicule de pompiers
otobûs
bus
kamyon
camion
papora matorê
bateau à moteur
duçerxe
bicyclette
maşîn
voiture

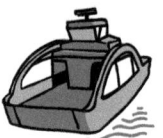

papor
ferry

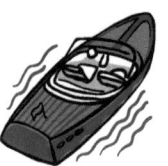

papor
barque

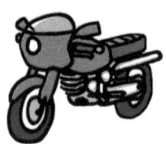

motorsîklêt
moto

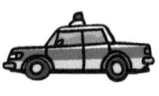

trimbêla polîsê
voiture de police

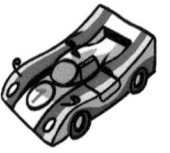

trimbêla pêşbaziyê
voiture de course

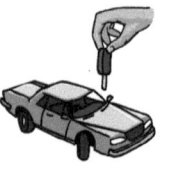

erebe kirêkirinê
voiture de location

maşîn pervekirin

auto-partage

kamyona kişandinê

voiture de remorquage

kamyona xwelî

benne à ordures

motorsîklêt

moteur

mazot

essence

îstegeha benzînê

station d'essence

tabloya tirafîkê

panneau indicateur

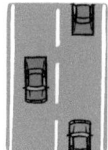

hatinûçûn

trafic

tirafîk

embouteillage

cihê parkê

parking

rawesteka trênê

gare

rêç

rails

trên

train

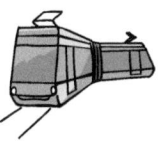

trênê kolanê

tramway

erebe

wagon

babirok

hélicoptère

balafirgeh

aéroport

birc

tour

misafir

passager

qûtî

conteneur

qûtî

carton

girgirok

chariot

selik

corbeille

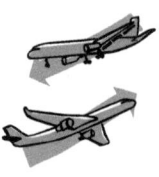

rabûn / nîştin

décoller / atterrir

bajar
ville

gund

village

navenda bajarê

centre-ville

xanî

maison

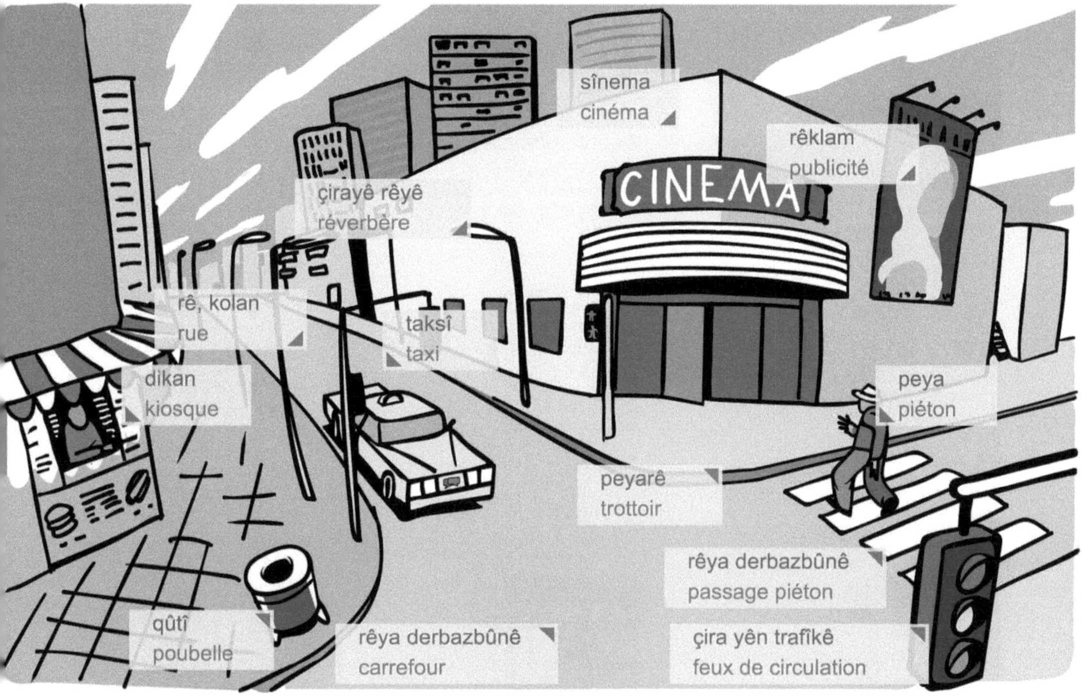

sînema
cinéma
rêklam
publicité
çirayê rêyê
réverbère
CINEMA
rê, kolan
rue
taksî
taxi
dikan
kiosque
peya
piéton
peyarê
trottoir
rêya derbazbûnê
passage piéton
qûtî
poubelle
rêya derbazbûnê
carrefour
çira yên trafîkê
feux de circulation

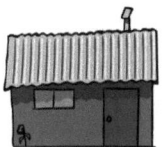

kox

cabane

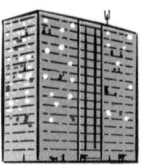

xanî

appartement

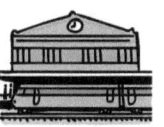

rawesteka trênê

gare

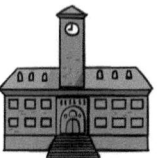

telara şarevanî

mairie

MUSEUM

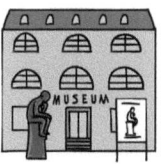

mûzexane

musée

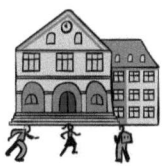

dibistan

école

zanîngeh

université

bank

banque

nexweşxane

hôpital

mêvanxane

hôtel

dermanxane

pharmacie

ofîs

bureau

kitêbfiroşî

librairie

dikan

magasin

gulfiroş

fleuriste

bazar

supermarché

bazar

marché

supermarket

grand magasin

masîfiroş

poissonnerie

navenda kirrîn

centre commercial

bender

port

park
parc

sekû
banque

pir
pont

derince
escaliers

jêr erdê
métro

tunnel
tunnel

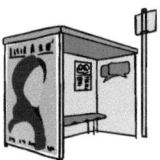

îstgeha otobûs
arrêt de bus

bar
bar

xwaringeh
restaurant

sindûqa postê
boîte à lettres

nîşanderka rêyê
panneau indicateur

metra parkîngê
parcmètre

baxça heywanan
zoo

hewza melevanî
piscine

mizgeft
mosquée

cotgeh

ferme

lewitandina derdor

pollution

goristan

cimetière

kenîse

église

erdê leyistinê

aire de jeux

perestgeh

temple

tebîet

paysage

gela
feuille

nîşanderka rê
panneau indicateur

rê
chemin

mêrg
pré

kevir
pierre

dar
arbre

gerok
randonneur

çem
rivière

giya
herbe

kulîlk
fleur

dol

vallée

gir

montagne

gol

lac

daristan

forêt

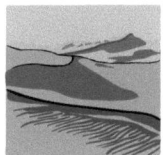

beyaban

désert

volkan

volcan

keleh

château

keskesor

arc-en-ciel

kivark

champignon

darqesp

palmier

mixmixk

moustique

mêş

mouche

mêrî

fourmis

hing

abeille

pîrê

araignée

kêzik

coléoptère

beq

grenouille

sihor

écureuil

jîjok

hérisson

kerguh

lièvre

pepûk

chouette

çivîk

oiseau

qû

cygne

berazê kovî

sanglier

pezkovî

cerf

pezkovî

élan

bendav

barrage

tûrbîna ba

éolienne

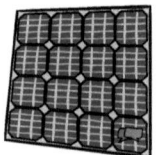

panela xorê

panneau solaire

av û hewa

climat

xwaringeh
restaurant

berkar
serveur
pêşek
menu
kursî
chaise
şorbe
soupe
pîza
pizza
çetel û çemçik
couverts
sifre
nappe

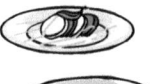

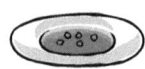

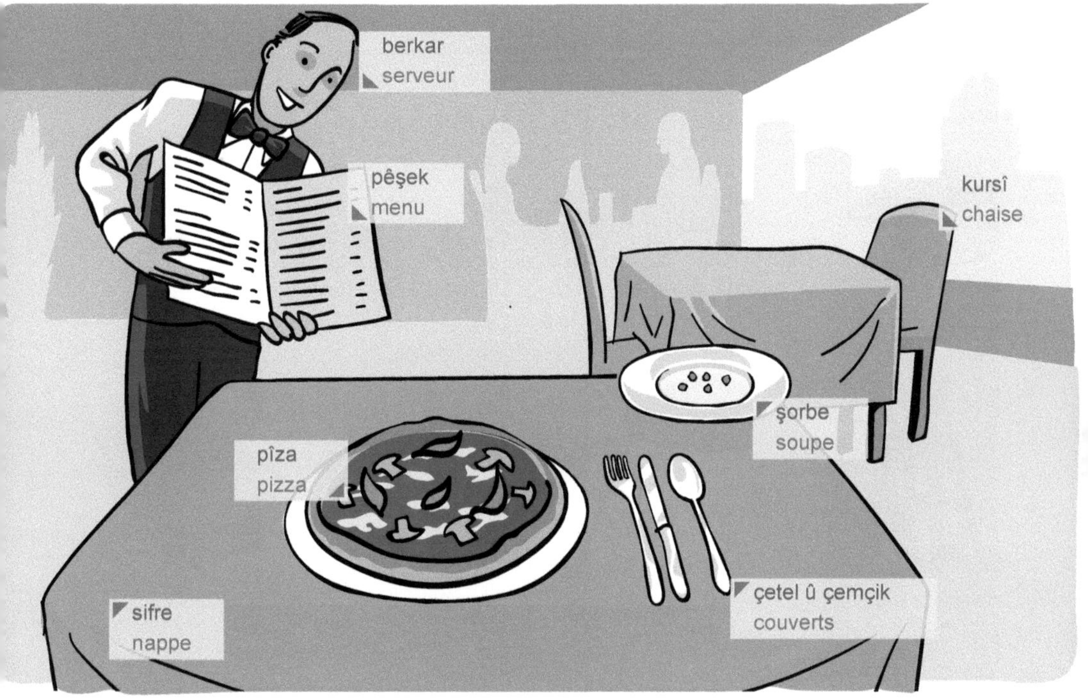

xwarina destpêk
hors d'œuvre

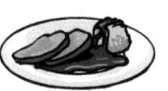

xwarina serekî
plat principal

şêranî
dessert

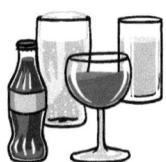

vexwarinan
boissons

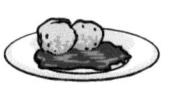

xwarin
alimentation

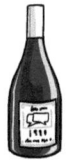

cam
bouteille

xwarina lez

fast-food

xwarina rêyê

plats à emporter

çaydanik

théière

qûtî şekirê

sucrier

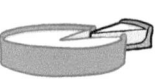

beş

portion

mekîna çêkirinê espresso

machine à expresso

kursiya bilînd

chaise haute

hesab

facture

sênî

plateau

kêr

couteau

çetel

fourchette

kevçî

cuillère

kevçiya çay

cuillère à thé

pêşgir

serviette

qedeh

verre

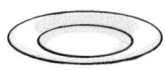

teyfik

assiette

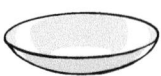

teyfika şorbe

assiette à soupe

piyale

soucoupe

çênc

sauce

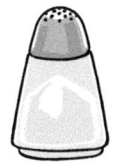

xwêdank

salière

qûtî bîbar

moulin à poivre

sêk

vinaigre

rûn

huile

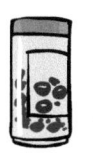

biharat

épices

ketçap

ketchup

mustard

moutarde

mayonêz

mayonnaise

bazar
supermarché

pêşkêşên taybet
offre promotionnelle
mişterî
client
FOR
şîremenî
produits laitiers
fêkî
fruits
erebe
chariot

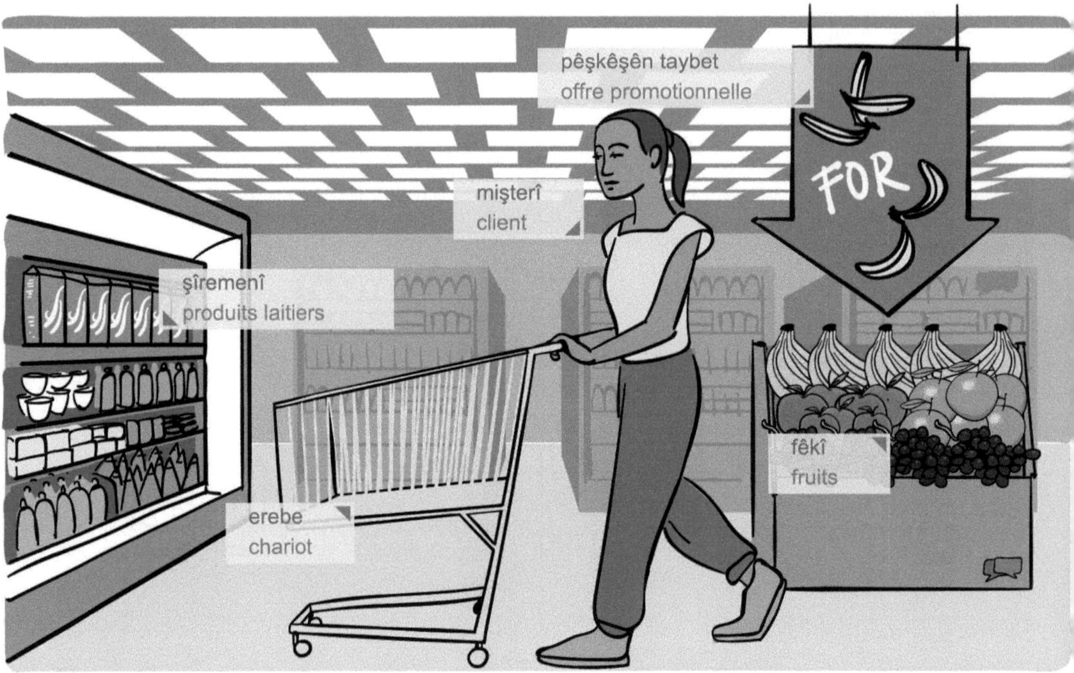

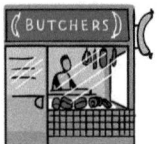

BUTCHERS

qesabî

boucherie

BAKERY

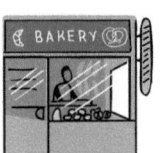

dikana nanpêj

boulangerie

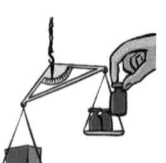

wezin kirin

peser

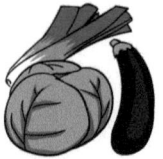

sebze

légumes

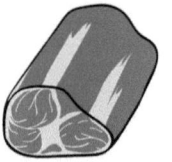

goşt

viande

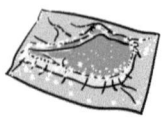

xwarinê cemedî

aliments surgelés

goştê sar

charcuterie

xwarina pîlê

conserves

xubarê paqijkirinê

poudre à lessive

şirînî

bonbons

berhemên navxweyî

articles ménagers

berhemên paqijkirinê

détergents

firoşyar

vendeuse

xeznok

caisse

diravgir

caissier

lîsta kirrînê

liste d'achats

demên vekirî

heures d'ouverture

cizdan

portefeuille

kartê qerzê

carte de crédit

çewal

sac

çente

sac en plastique

av

eau

şerbet

jus de fruit

şîr

lait

komir

coca

şerab

vin

bîra

bière

alkol

alcool

kakwo

chocolat chaud

çay

thé

qehwe

café

espresso

expresso

kapoçîno

cappuccino

moz

banane

sêv

pomme

pirteqalî

orange

gundor

melon

lîmon

citron

gêzer

carotte

sîr

ail

qamir

bambou

pîvaz

oignon

qarçik

champignon

gewîz

noisettes

şihîre

pâtes

spagêttî

spaghetti

birinc

riz

selete

salade

çîps

pommes frites

peteteya biraştî

pommes de terre rôties

pîza

pizza

hamburger

hamburger

nanok

sandwich

goştê stûyê berxî

escalope

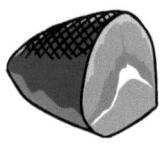

goştê hişkkirî

jambon

salamê

salami

sosîs

saucisse

mirîşk

poulet

bijartin

rôti

masî

poisson

şorbe bilûl

flocons d'avoine

mûslî

muesli

kertên gilgilan

cornflakes

ard

farine

croissant

croissant

semûn

petits-pains

nan

pain

tost

pain grillé

nanik

biscuits

nivîşk

beurre

mast

le fromage blanc

kulîçe

gâteau

hêk

œuf

hêka qelandî

œuf au plat

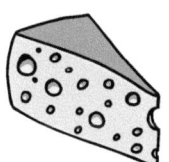

penîr

fromage

dondirme

glace

şekir

sucre

hingiv

miel

mireba

confiture

xameya nougat

crème nougat

kurrî

curry

cotgeh
ferme

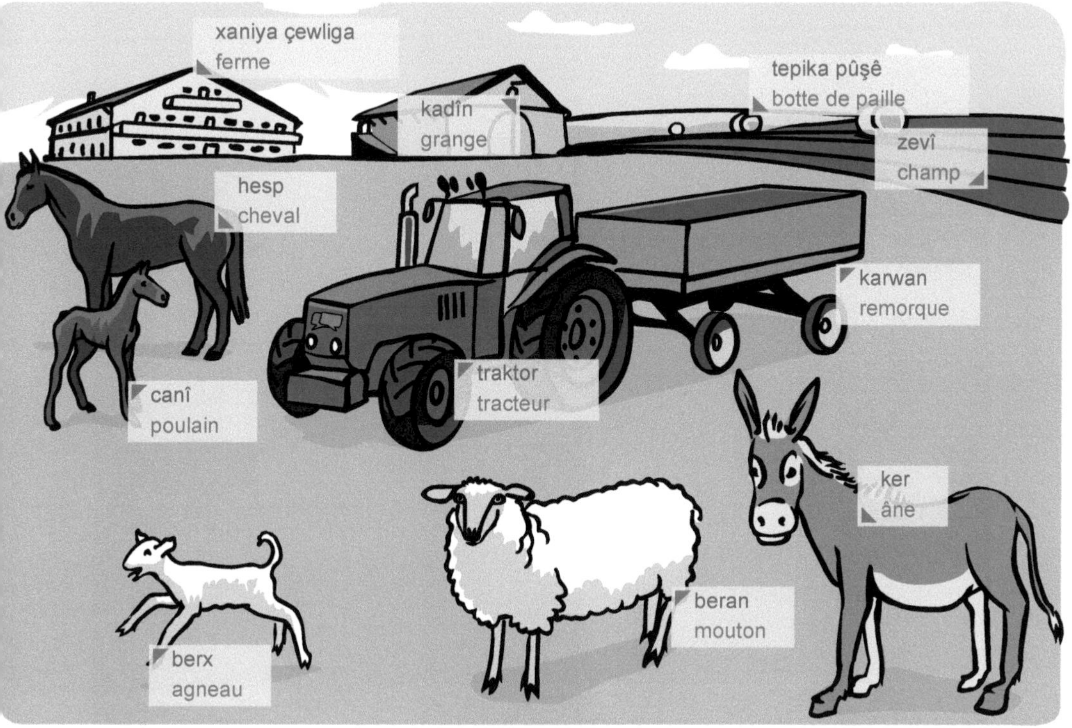
xaniya çewliga
ferme
kadîn
grange
tepika pûşê
botte de paille
zevî
champ
hesp
cheval
karwan
remorque
traktor
tracteur
canî
poulain
ker
âne
beran
mouton
berx
agneau

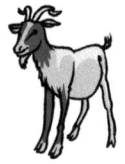

bizin

chèvre

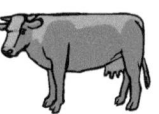

çêlek

vache

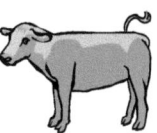

golik

veau

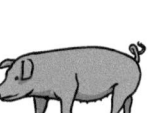

beraz

porc

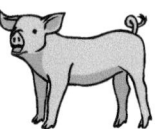

xinzîrk

porcelet

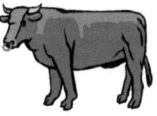

boxe

taureau

qaz
oie

miravî
canard

cûçik
poussin

mirîşk
poule

keleşêr
coq

circ
rat

kitik
chat

mişk
souris

ga
bœuf

kûçik
chien

xaniya kûçikê
chenil

xanî baxê
tuyau de jardin

qûtîka avdanê
arrosoir

şalûk
faucheuse

gasin
charrue

das

faucille

merbêr

pioche

darsapik

fourche

bivir

hache

destgere

brouette

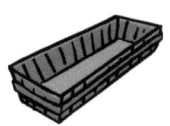

qûtî xwarina candaran

cuve

qûtî şîr

pot à lait

tûr

sac

çeper

clôture

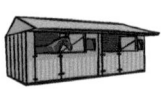

axur

étable

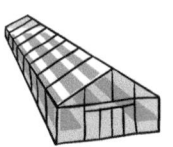

xana kulîlkan

serre

ax

sol

dendik

semences

peyn

engrais

kombayn

moissonneuse-batteuse

zad

récolter

zad

récolte

petete

igname

genim

blé

fasolî

soja

petete

pomme de terre

dexl

maïs

dindik

colza

darê fêkî

arbre fruitier

sêvê bin erdê

manioc

zad

céréales

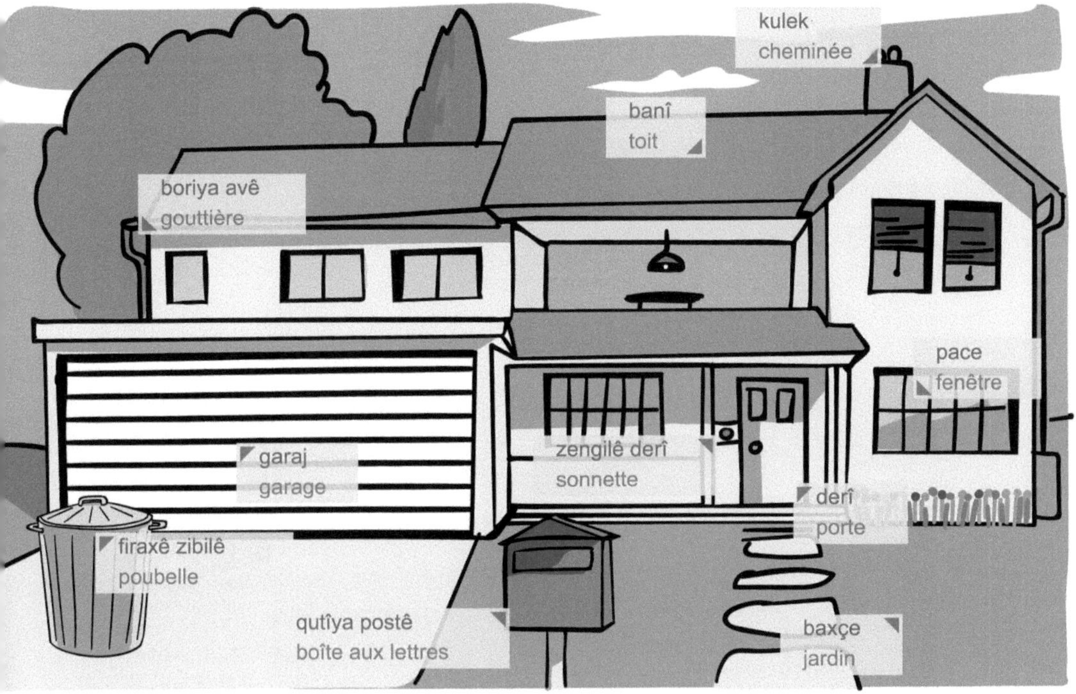

kulek
cheminée

banî
toit

boriya avê
gouttière

pace
fenêtre

garaj
garage

zengilê derî
sonnette

derî
porte

firaxê zibilê
poubelle

qutîya postê
boîte aux lettres

baxçe
jardin

oda rûniştinê

salon

hemam

salle de bain

metbex

cuisine

oda xewê

chambre à coucher

odeya zarok

chambre d'enfant

oda şîvê

salle à manger

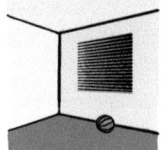

binî
sol

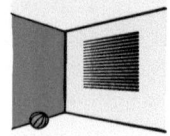

dîwar
mur

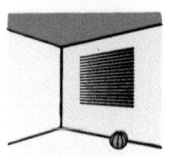

berban
plafond

xenzik
cave

sauna
sauna

balkon
balcon

berdanik
terrasse

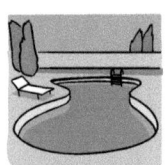

hewza melevanî
piscine

çîmen birr
tondeuse à gazon

melhefe
housse

betanî
couette

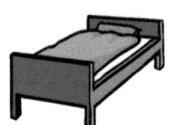

nivîn
lit

gezik
balai

satil
sceau

kilîl
interrupteur

oda rûniştinê

salon

kaxezê dîwar
papier peint
wêne
image
lampa
lampe
ref
étagère
dolab
armoire
telefîsiyon
télé
agirdan
cheminée
kulîlk
fleur
serîn
coussin
qenepe
sofa
guldank
vase
kontrola dûr
télécommande

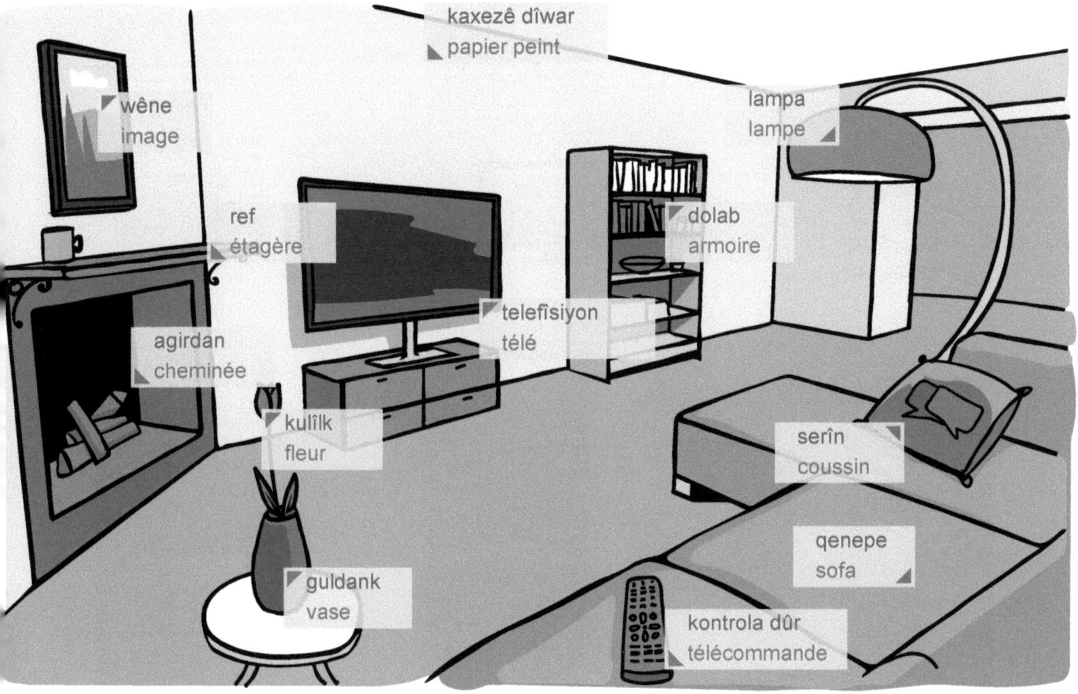

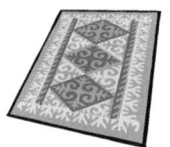

xalîçe

tapis

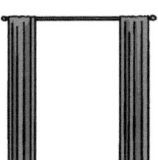

perde

rideau

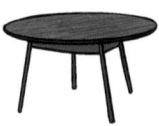

mêz

table

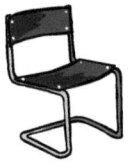

kursî

chaise

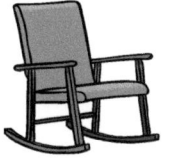

kursiya hejanok

chaise à bascule

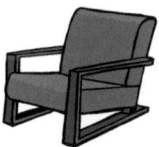

kursî

fauteuil

pirtûk

livre

betanî

couverture

xemilandin

décoration

êzing

bois de chauffage

fîlm

film

hi-fi

chaîne hi-fi

kilîl

clé

rojname

journal

nîgar

peinture

poster

poster

radyo

radio

defter

bloc-notes

sivnika elektrîkî

aspirateur

kaktûs

cactus

mom

bougie

metbex
cuisine

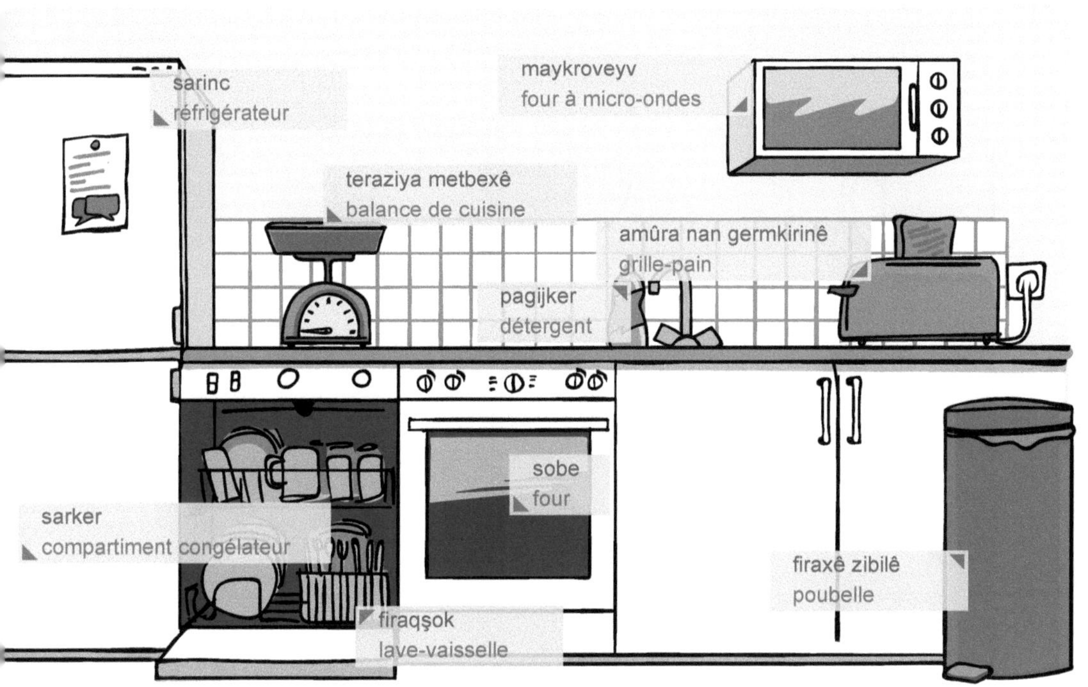
sarinc
réfrigérateur
maykroveyv
four à micro-ondes
teraziya metbexê
balance de cuisine
amûra nan germkirinê
grille-pain
pagijker
détergent
sobe
four
sarker
compartiment congélateur
firaxê zibilê
poubelle
firaqşok
lave-vaisselle

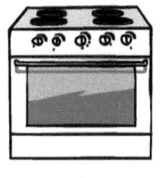

sobe
four

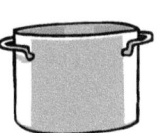

aman
casserole

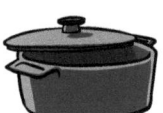

amaê ûtû
marmite

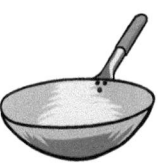

firaqê mezin
wok / kadai

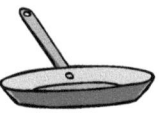

dîzik
poêle

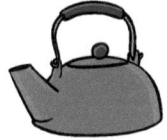

kelînk
bouilloire electrique

firaqê hilmê

cuiseur vapeur

sênî nanê

plaque de cuisson

firaq

vaisselle

piyale

gobelet

kasik

coupe

darê nanxwarin

baguettes

hesk

louche

kevçiya mezin

spatule

rînek

fouet

kefgîr

passoire

bêjing

tamis

rêşker

râpe

destar

mortier

biraştin

barbecue

agirê vala

cheminée

texteya birrînê

planche à découper

darikê tîrê

rouleau à pâtisserie

devik badek

tire-bouchon

qûtî

boîte

qûtîvekir

ouvre-boîte

cawê amanan

maniques

destşo

lavabo

firçe

brosse

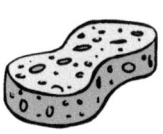

parazoa

éponge

tevdêr

mixeur

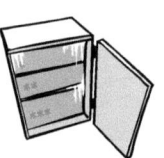

sarkerê cemedî

congélateur

şûşe bebikan

biberon

henefî

robinet

hemam

salle de bain

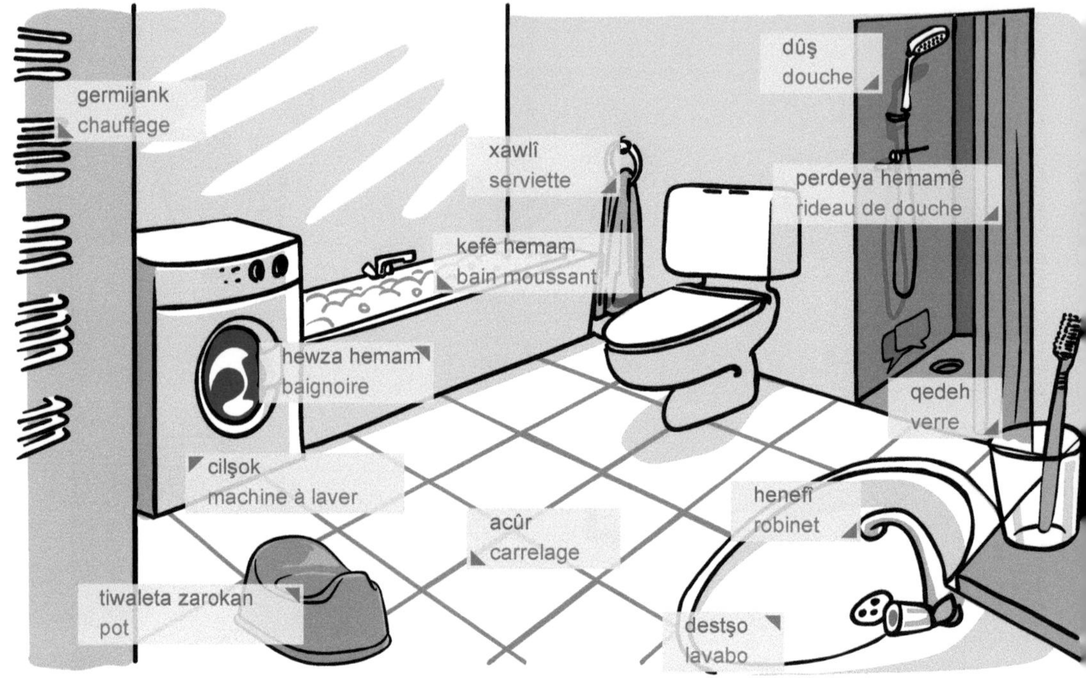

germijank
chauffage
xawlî
serviette
dûş
douche
perdeya hemamê
rideau de douche
kefê hemam
bain moussant
hewza hemam
baignoire
qedeh
verre
cilşok
machine à laver
henefî
robinet
acûr
carrelage
tiwaleta zarokan
pot
destşo
lavabo

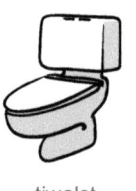

tiwalet

toilettes

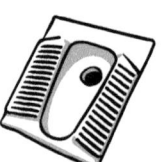

tiwaleta erdê

toilette à la turque

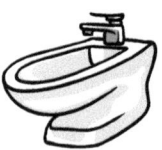

tiwalet

bidet

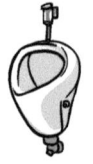

avdestxana mêran

urinoir

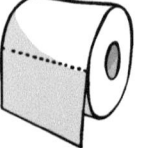

kaxeza tiwalet

papier toilette

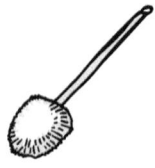

firşeya tiwalet

brosse à toilette

firçeya diran

brosse à dents

mecûna diran

dentifrice

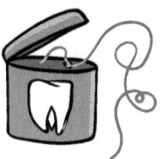

nexa didan

fil dentaire

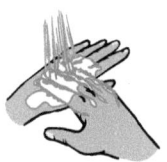

şûştin

laver

dûşê destê

douche manuelle

dûş

douche intime

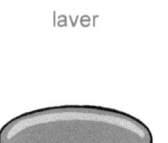

destşo

vasque

firça pişt

brosse dorsale

sabûn

savon

cêlê hemam

gel douche

şampo

shampooing

fanîle

gant de toilette

zêrab

écoulement

kirêm

crème

bêhn xweşkir

déodorant

mirêk

miroir

mirêka destê

miroir cosmétique

gûzan

rasoir

kefê teraşînê

mousse à raser

mecûna piştî teraşînê

après-rasage

şeh

peigne

firçe

brosse

por hîşikkir

sèche-cheveux

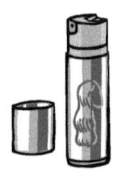

sipraya porê

laque pour cheveux

kozmetîk

fond de teint

soravk

rouge à lèvres

rengê nînok

vernis à ongles

pembû

ouate

meqesta nînok

coupe-ongles

parfûm

parfum

çewalê hemamê

trousse de toilette

kursiya bêpişt

tabouret

terazî

pèse-personne

kinca hemamê

peignoir

lepika lastîkê

gants de nettoyage

tampon

tampon

xawliya paqijkirinê

serviettes hygiéniques

tiwaleta kîmîyewî

toilette chimique

odeya zarok
chambre d'enfant

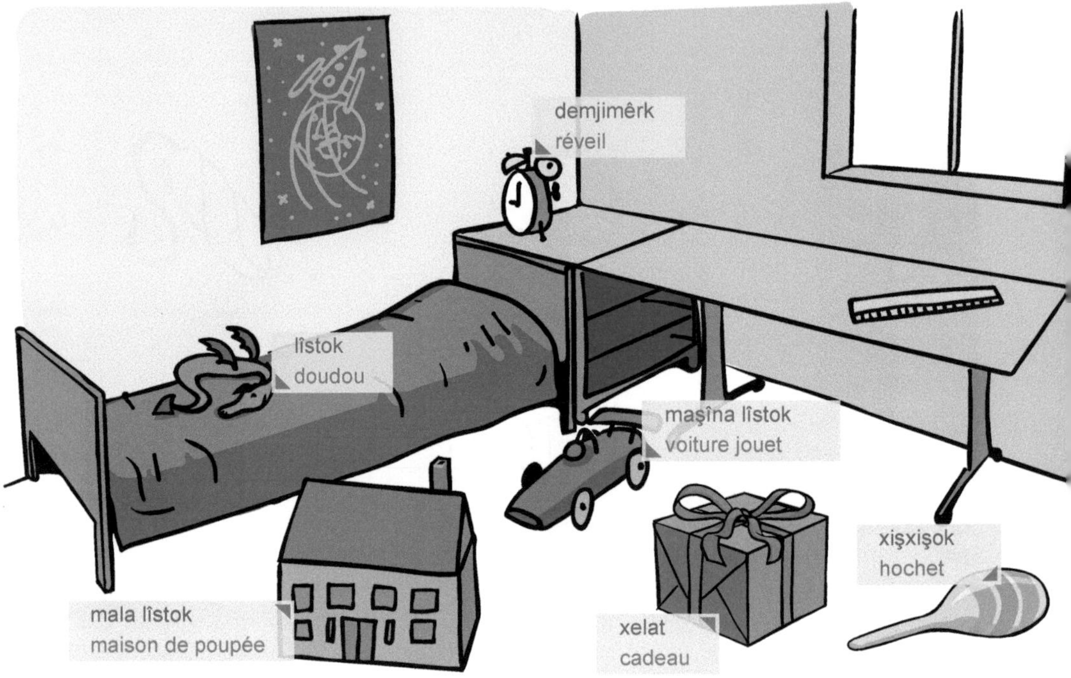
demjimêrk
réveil
lîstok
doudou
maşîna lîstok
voiture jouet
xişxişok
hochet
mala lîstok
maison de poupée
xelat
cadeau

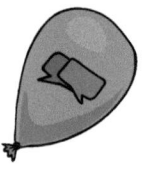

pifdank
ballon

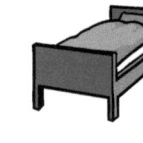

nivîn
lit

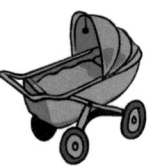

koçk
poussette

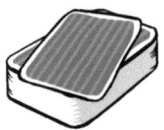

lîstika kartê
jeu de cartes

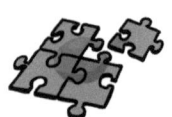

frîzbî
puzzle

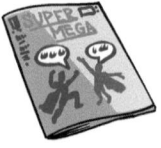

komîk
bande dessinée

acûra lêgo

pièces lego

acûra lîstok

blocs de construction

bûke şûşe

figurine

kinca bebikan

grenouillère

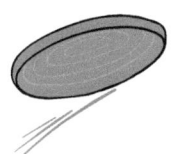

frizbee

frisbee

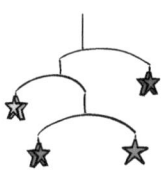

veguhestin

mobile

lîstikên texte

jeu de société

mor

dé

modêla trênê

train miniature

memik

sucette

cejn

fête

kitêba wêne

livre d'images

top

balle

bûke şûşe

poupée

leyîstin

jouer

kuna xîzê

bac à sable

colane

balançoire

lîstokan

jouets

lîstika vîdeoyî

console de jeu

sêçerxe

tricycle

hirça lîstok

ours en peluche

cildank

armoire

kinc

vêtements

gore

chaussettes

gore

bas

derpêgorê

collant

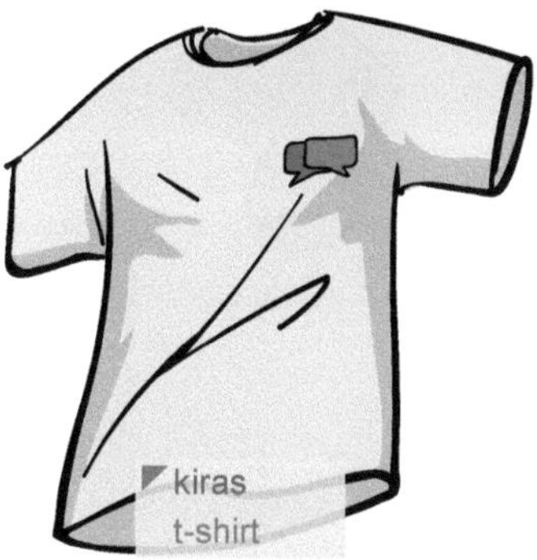

şal
écharpe

qayiş
ceinture

çetir
parapluie

kiras
t-shirt

şekal
bottes

pêlav
baskets

pêlavê nav malê
pantoufles

solik

sandales

sol

chaussures

potîna çermê

bottes de caoutchouc

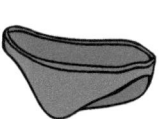

pantolê jêr

sous-vêtements

pêsîrbend

soutien-gorge

çekbend

maillot de corps

cendek
body

pantol
pantalon

jeans
jean

daman
jupe

kiras
chemisier

kiras
chemise

fanêle
pull

fanêle
sweat à capuche

cakêt
veste

sako
veste

çaket
manteau

baranî
imperméable

lebas
costume

fîstan
robe

cilê dawetê
robe de mariée

kostum
costume

pêcame
chemise de nuit

pêcame
pyjama

saree
sari

leçik
foulard

mêzer
turban

hêram
burqa

kaftan
caftan

eba
abaya

kinca ajnêkirin
maillot de bain

cilka melevanî
maillot de bain

şort
short

cila hêvojkarî
tenue d'entraînement

pêşmal
tablier

lepik
gants

dûgme
bouton

berçavik
lunettes

bazin
bracelet

gerdenî
collier

gustîl
bague

guhark
boucle d'oreille

devik
bonnet

hilavistek
cintre

kûm
chapeau

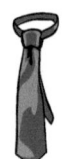

kirawat
cravate

zîp
fermeture éclair

serparêz
casque

derzî
bretelles

kinca dibistanê
uniforme scolaire

yûnîform
uniforme

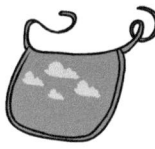

berdilk

bavoir

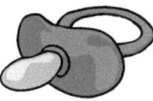

memik

sucette

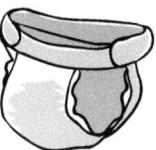

pundax

lange

ofîs
bureau

pêşkeşker
serveur
dolabê belge
armoire d'archivage
kaxez
papier
çaper
imprimante
nîşander
écran
mase
bureau
mişk
souris
defter
classeur
klavye
clavier
kursî
chaise
sepeta kaxezê
corbeille à papier
komputer
ordinateur

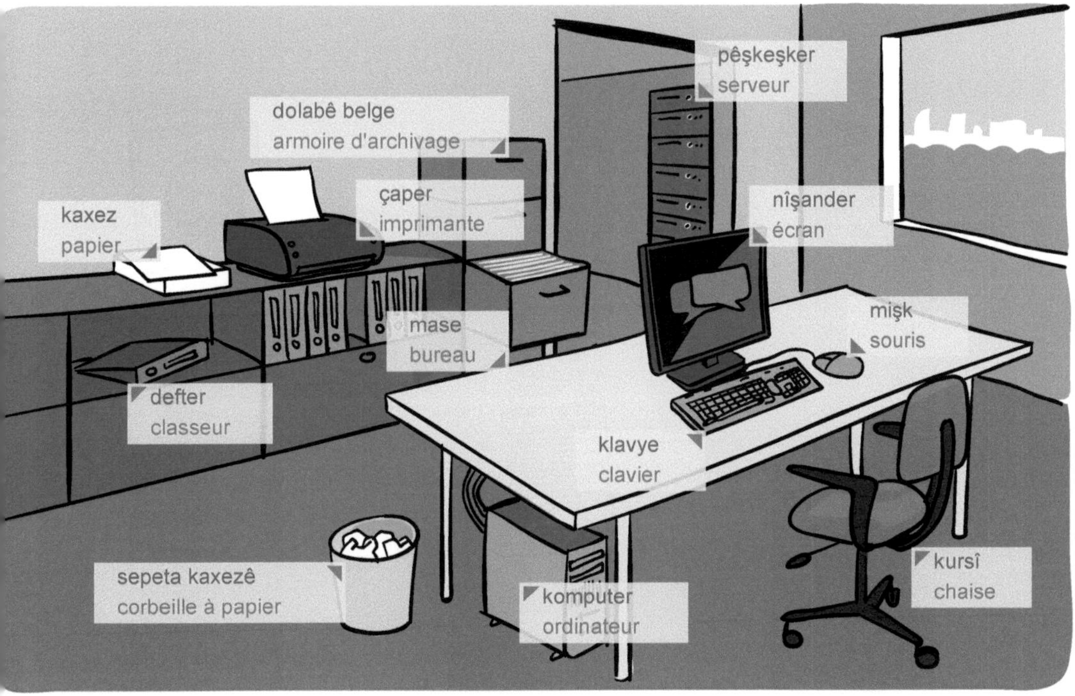

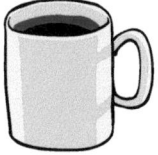

kasika qehwe

tasse de café

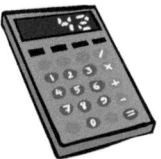

hesabker

calculatrice

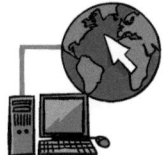

înternet

internet

komputera laptop

ordinateur portable

name

lettre

peyam

message

telefona mobîl

portable

tor

réseau

mekîna fotokopî

photocopieuse

software

logiciel

telefon

téléphone

socketa fîşek

prise

mekîna faxê

fax

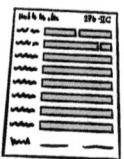

form

formulaire

belge

document

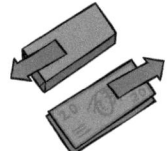

standin

acheter

pere dan

payer

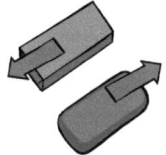

bazirganî

faire du commerce

pere

monnaie

dollar

dollar

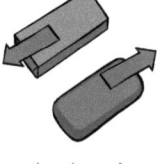

yoro

euro

yenê Japonê

yen

roblê Rûsî

rouble

firankê Swîsê

franc suisse

yuanê Çînê

renminbi yuan

rûpee Hindî

roupie

mekîna jixwebera dirav

distributeur automatique

ofîsa pere veguhartinê

bureau de change

zêrr

or

zîv

argent

neft

pétrole

wize

énergie

biha

prix

peyman

contrat

tax

taxe

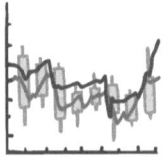

seham

action

karkirin

travailler

karker

employé

karda

employeur

fabrîka

usine

dikan

magasin

profesyon
professions

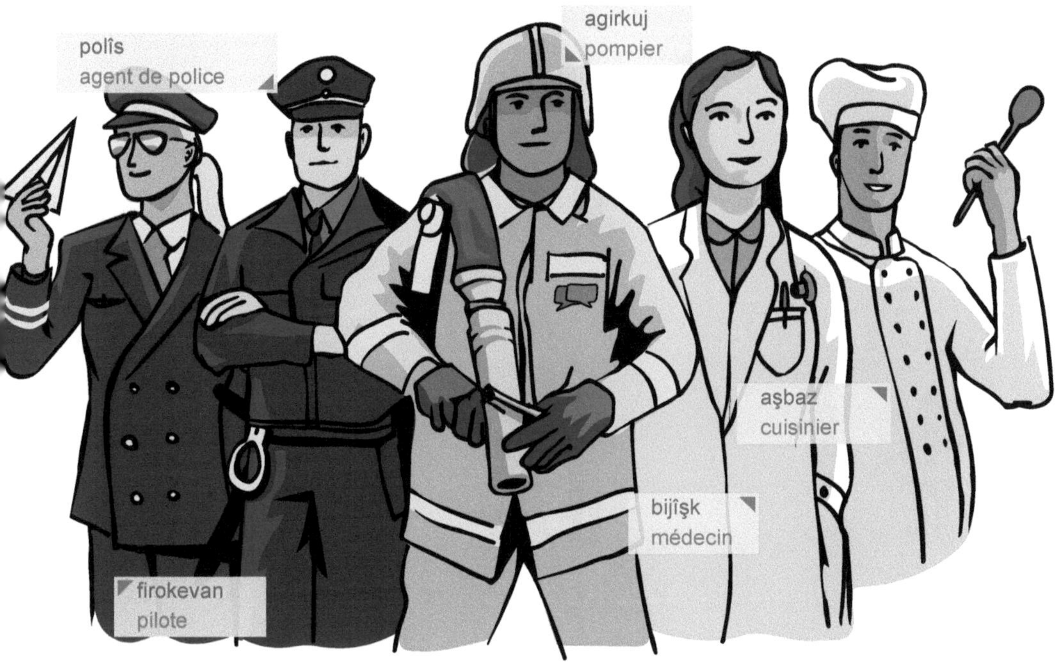
polîs
agent de police
agirkuj
pompier
aşbaz
cuisinier
bijîşk
médecin
firokevan
pilote

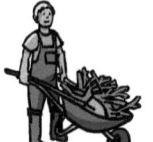

baxçevan

jardinier

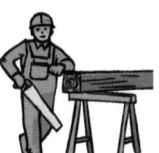

necar

menuisier

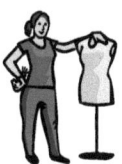

dirûnvan

couturière

hakim

juge

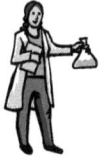

şîmyazan

chimiste

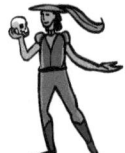

şanoger

acteur

şufêrê basê

conducteur de bus

şufêrekî taksiyê

chauffeur de taxi

masîvan

pêcheur

pagijker

femme de ménage

çêkirê banî

couvreur

berkar

serveur

nêçirvan

chasseur

rengrês

peintre

nanpêj

boulanger

karebavan

électricien

avaker

ouvrier

endezyar

ingénieur

qesab

boucher

lûlekar

plombier

postevan

facteur

esker

soldat

mîmar

architecte

diravgir

caissier

firotkara çîçekan

fleuriste

porçêker

coiffeur

ajovan

contrôleur

mekanîk

mécanicien

keştîvan

capitaine

pizîşka didanan

dentiste

zanistyar

scientifique

rûhan

rabbin

îmam

imam

keşe

moine

keşîş

prêtre

amûran
outils

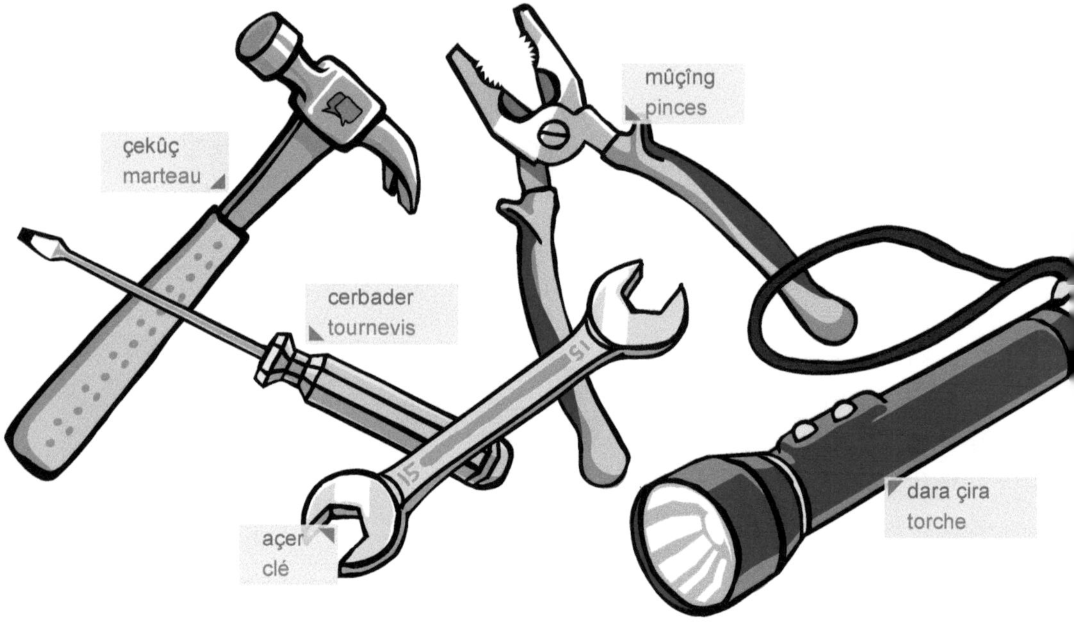
mûçîng
pinces
çekûç
marteau
cerbader
tournevis
dara çira
torche
açer
clé

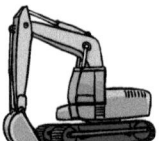

şofel

pelleteuse

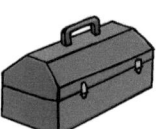

qûtiya amûran

boîte à outils

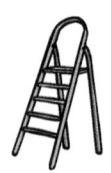

peyje

échelle

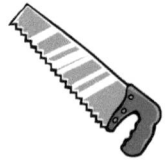

mişar

scie

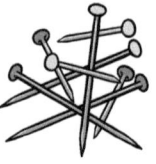

mîx

clous

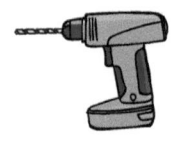

qulkirin

perceuse

çêkirin

réparer

merbêr

pelle

nalet!

Mince !

bêl

pelle

qûtiya rengê

pot de peinture

cerr

vis

amûrên mûzîkê
instruments de musique

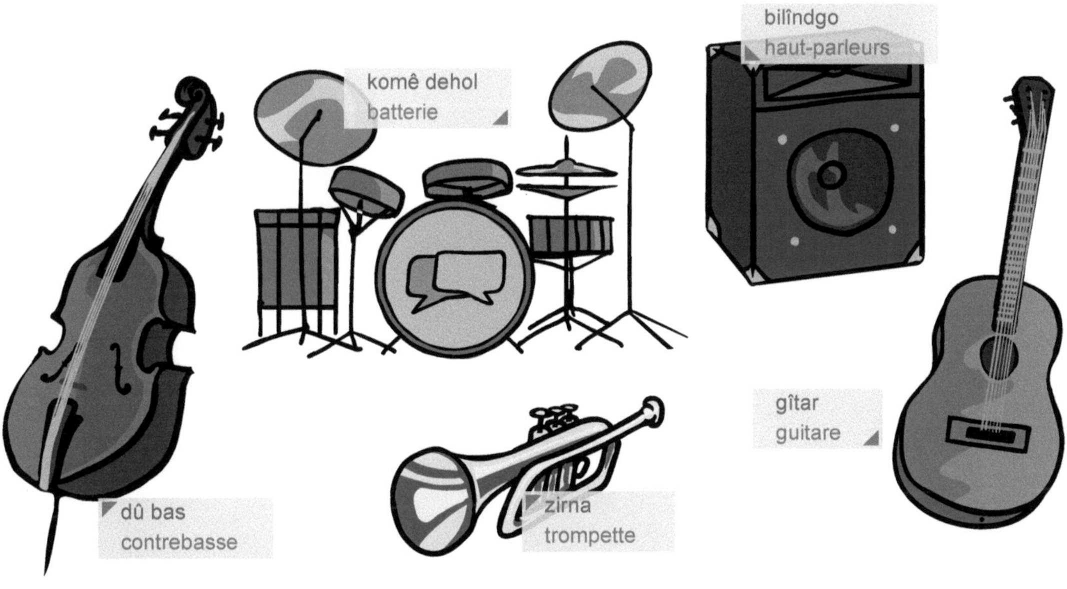

komê dehol
batterie

bilîndgo
haut-parleurs

gîtar
guitare

dû bas
contrebasse

zirna
trompette

piyano

piano

viyolîn

violon

bas

basse

dehol

timbales

dahol

tambour

keyboard

piano électrique

saksofon

saxophone

bilûr

flûte

mîkrofon

microphone

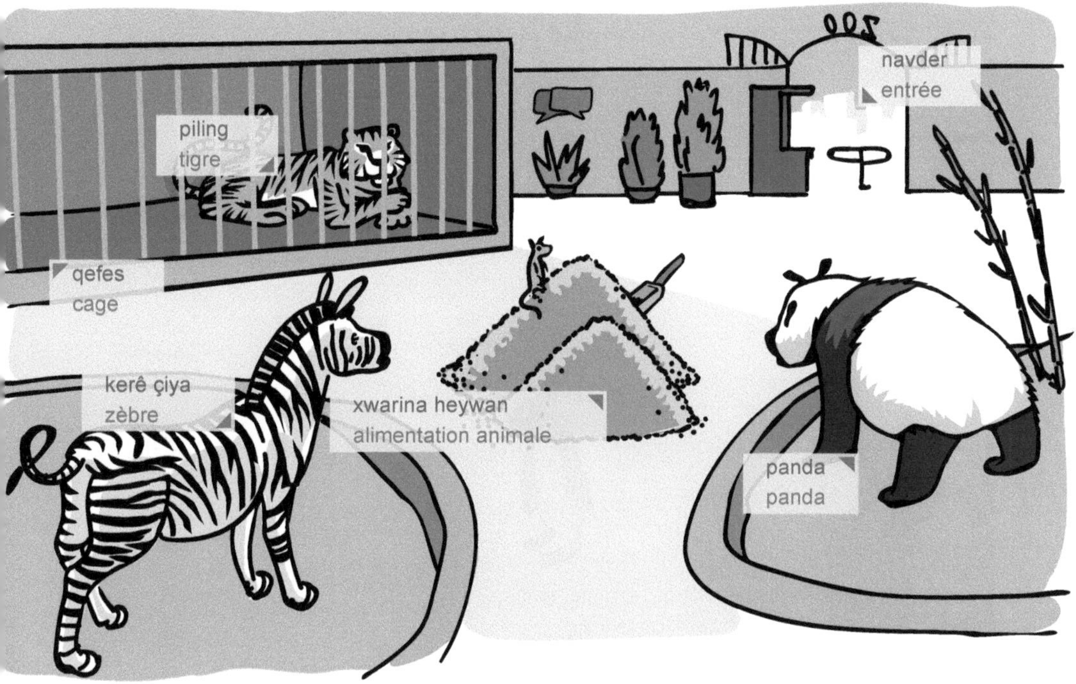

navder
entrée

piling
tigre

qefes
cage

kerê çiya
zèbre

xwarina heywan
alimentation animale

panda
panda

heywan

animaux

fîl

éléphant

kangarû

kangourou

kerkeden

rhinocéros

gorîl

gorille

hirç

ours

hêştir

chameau

hêştirme

autruche

şêr

lion

meymûn

singe

flamîngo

flamand rose

papaxan

perroquet

hirça cemserî

ours polaire

penguîn

pingouin

semasî

requin

tawûs

paon

mar

serpent

timsah

crocodile

parêzera baxça ajalan

gardien de zoo

seya derya

phoque

piling

jaguar

hesp
poney

piling
léopard

hespê rûbar
hippopotame

canhêştir
girafe

helo
aigle

berazê kovî
sanglier

masî
poisson

kûsî
tortue

walras
morse

rovî
renard

xezal
gazelle

fûtbolê Amerîka
american Football

bisiklêtan
cyclisme

tenîs
tennis

baskêtbol
basket-ball

avjenîkirin
natation

boxing
boxe

hokeya ser cemedê
hockey sur glace

fûtbol
football

badminton
badminton

yê atletîzmê
athlétisme

hendbol
handball

befirajotin
ski

polo
polo

çalakiyan
activités

kenîn
rire
hilpeke
sauter
hembêz
embrasser
birêveçûn
marcher
lawje gutin
chanter
xewn dîtin
rêver
nimêj kirin
prier
maçkirin
faire la bise

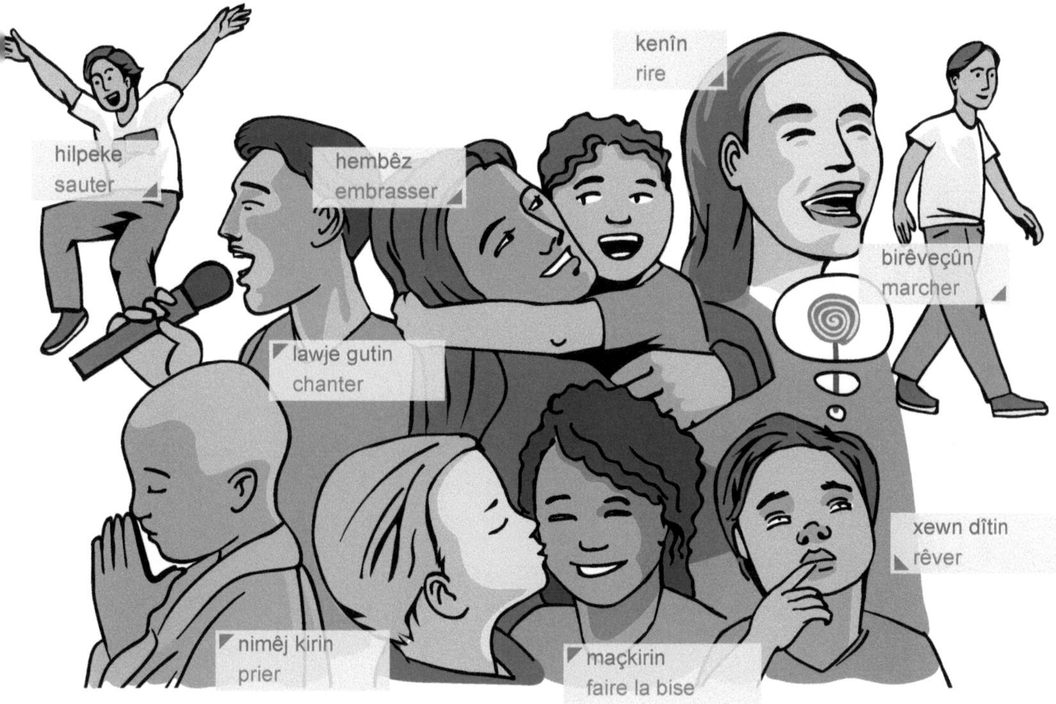

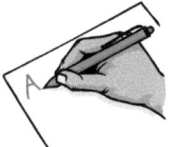

nivîsandin

écrire

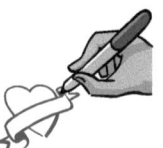

nîgar kêşan

dessiner

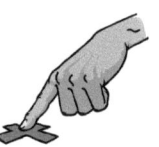

nîşan dan

montrer

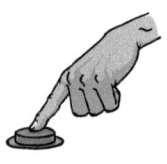

paldan

pousser

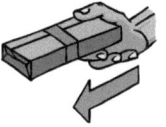

dayîn

donner

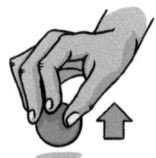

rakirin

prendre

heyîn

avoir

kirin

faire

bûn

être

sekinîn

être debout

bazdan

courir

kişandin

trier

avêtin

jeter

ketin

tomber

derew kirin

être couché

sekinîn

attendre

guhêztin

porter

rûniştin

être assis

cil berkirin

s'habiller

razan

dormir

rabûn

se réveiller

mêze kirin

regarder

girîn

pleurer

celte

caresser

şe kirin

peigner

peyvîn

parler

famkirin

comprendre

pirskirin

demander

bihîstin

écouter

vexwarin

boire

xwarin

manger

kom kirin

ranger

hezkirin

aimer

xwarin çêkirin

cuire

ajotin

conduire

firrîn

voler

kesştîvanî

faire de la voile

hesibandin

calculer

xwandin

lire

hînbûn

apprendre

karkirin

travailler

zewicîn

se marier

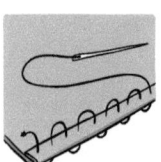

dirûtin

coudre

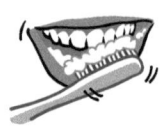

didan şûtin

brosser les dents

kuştin

tuer

dûxan

fumer

şandin

envoyer

malbat
famille

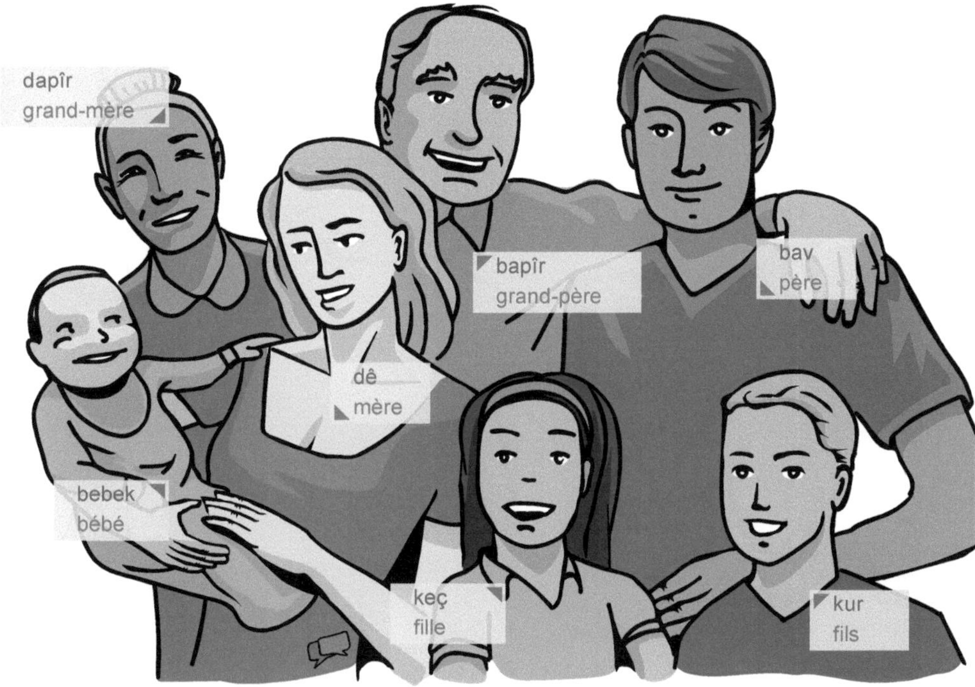
dapîr
grand-mère
bapîr
grand-père
bav
père
dê
mère
bebek
bébé
keç
fille
kur
fils

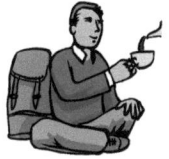

mêvan

hôte

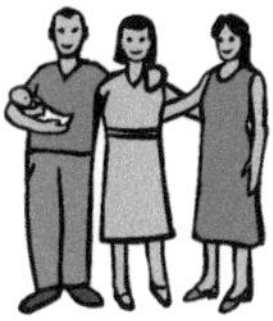

met

tante

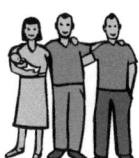

ap/xal

oncle

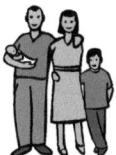

bira

frère

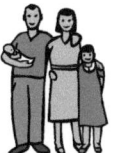

xwişl

sœur

beden
corps

enî
front
çav
œil
mil
épaule
tilî
doigt
rû
visage
zenî
menton
dest
main
ling
jambe
sîng
poitrine
pîl
bras

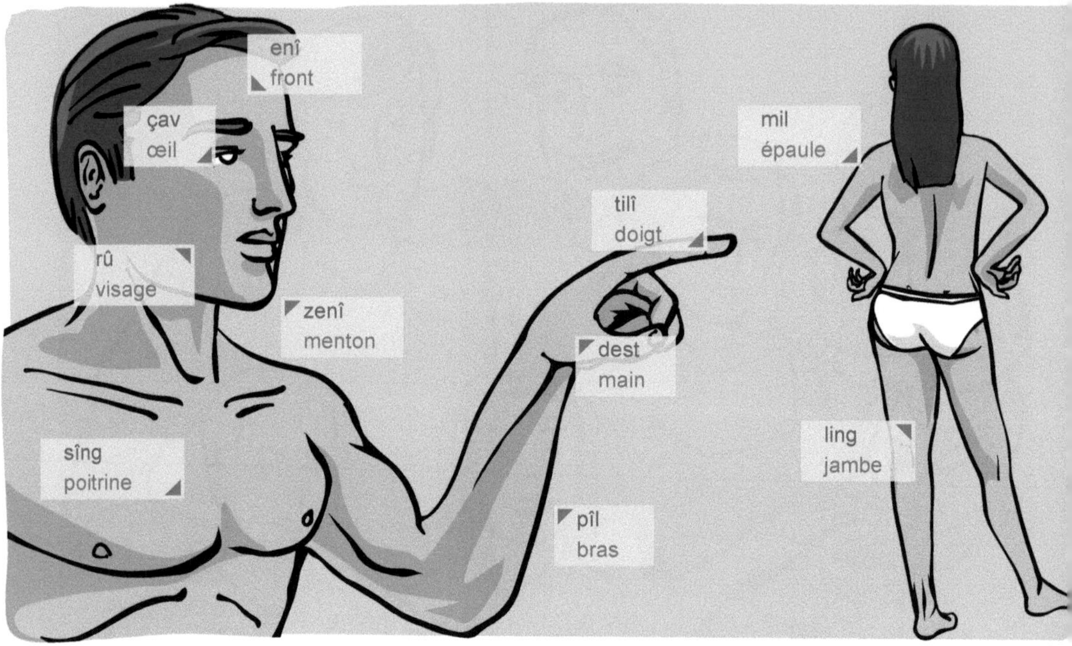

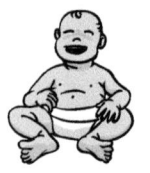

bebek
bébé

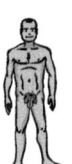

mêr
homme

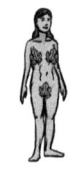

jin
femme

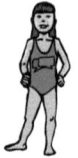

keç
fille

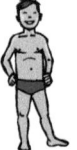

kor
garçon

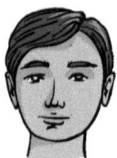

ser
tête

pişt

dos

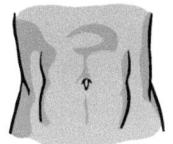

zik

ventre

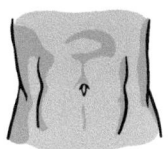

navik

nombril

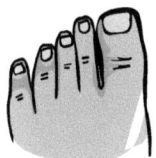

tilîya pê

orteil

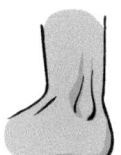

panî

talon

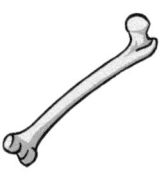

hestî

os

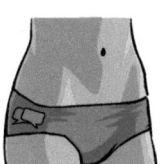

kûlîmek

hanche

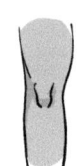

jûnî

genou

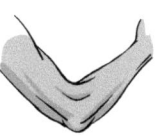

enîşk

coude

difn

nez

qûn

fesses

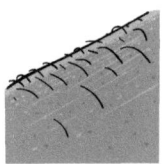

çerm

peau

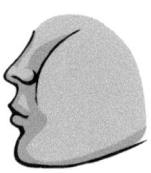

rû

joue

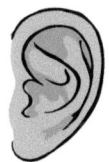

gûh

oreille

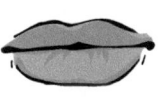

lêv

lèvre

dev
bouche

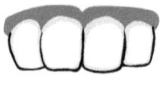

diran
dent

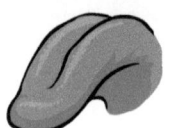

ziman
langue

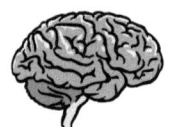

mêjî
cerveau

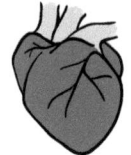

dil
cœur

masûl
muscle

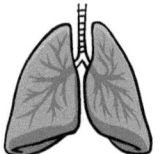

cîgera spî
poumons

ceger
foie

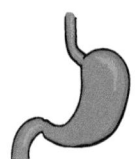

made
estomac

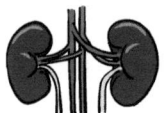

gûrçikan
reins

cotbûn
rapport sexuel

kondom
préservatif

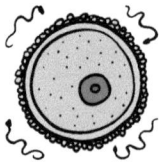

hêk
ovule

tov
sperme

dûcanî
grossesse

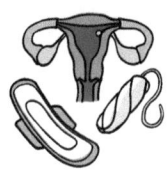

ade

menstruation

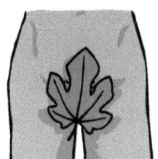

qûz

vagin

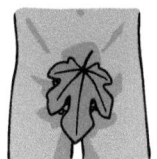

kîr

pénis

birû

sourcil

por

cheveux

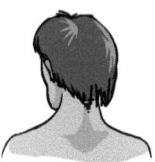

hûstû

cou

nexweşxane
hôpital

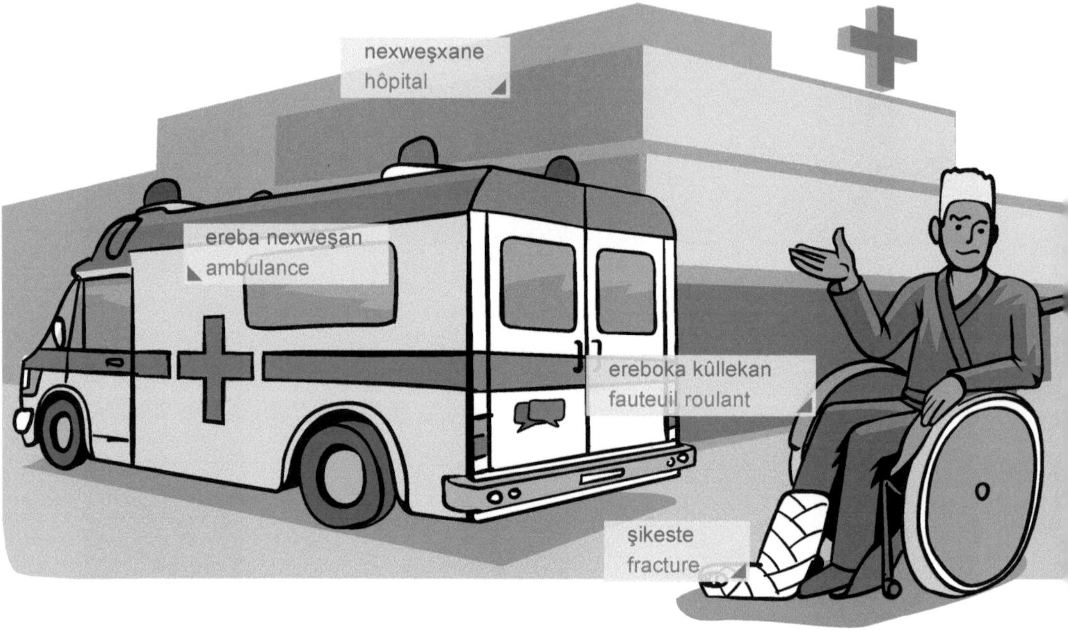

nexweşxane
hôpital
ereba nexweşan
ambulance
ereboka kûllekan
fauteuil roulant
şikeste
fracture

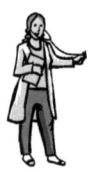

bijîşk

médecin

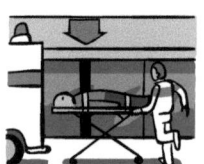

oda lezgînê

service des urgences

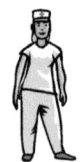

nexweşyar

infirmière

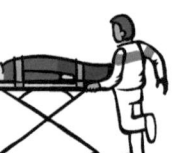

acîlîyet

urgence

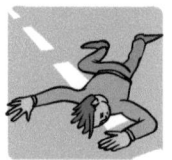

bêhay

inconscient

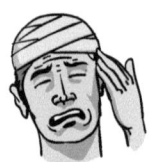

êş

douleur

birîn

blessure

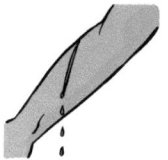

xwînpijan

hémorragie

hêrişa dilî

crise cardiaque

celte

attaque cérébrale

alerjî

allergie

kuxik

toux

ta

fièvre

zikam

grippe

navçûyin

diarrhée

serêş

mal de tête

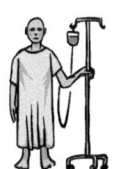

qansêr

cancer

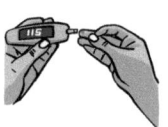

nexweşiya şekirê

diabète

emelîkar

chirurgien

skalpêl

scalpel

emelî

opération

CT

CT

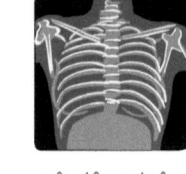

sûretê rontgên

radiographie

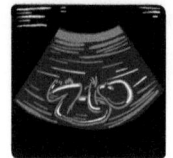

ûltrasawnd

échographie

maskê rûyê

masque

nexweşî

maladie

oda sekinînê

salle d'attente

goçan

béquille

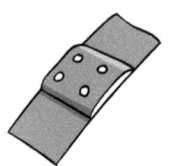

şêl

pansement

paçê birînpêçanê

pansement

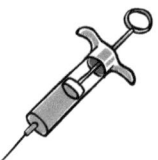

derzî

injection

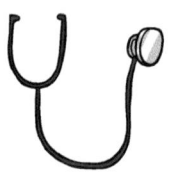

bîstoka pizîşkî

stéthoscope

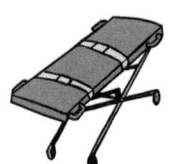

darbest

brancard

têhnpîva klînîkê

thermomètre

zayîn

accouchement

qelew

surcharge pondérale

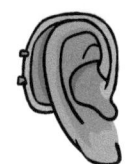

alîkariya bihîstinê

appareil auditif

bakterîkuj

désinfectant

kotîbûn

infection

vîrûs

virus

HIV / AIDS

VIH / sida

derman

médicament

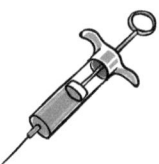

kutan

vaccination

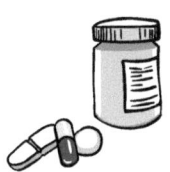

heban

comprimés

heb

pilule

lezgîn

appel d'urgence

dîmenderê pesto xwîn

tensiomètre

nexweş / sax

malade / sain

Hewar!

Au secours !

alarm

alarme

êrîş

assaut

êrîşkirin

attaque

talûk

danger

derketina acil

sortie de secours

agir!

Au feu!

agir vemirandinê

extincteur

qeza

accident

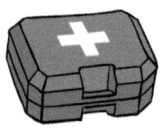

aletên alîkariya yekem

trousse de premier secours

SOS

SOS

polîs

police

Ewropa

Europe

Amerîkaya Bakûr

Amérique du Nord

Amerîkaya Başûr

Amérique du Sud

Afrîka

Afrique

Asya

Asie

Awustralya

Australie

Atlantîk

Océan atlantique

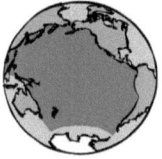

Okyanûsa Mezin

Océan pacifique

Okyanûsa Hindî

Océan indien

Okyanûsa Antarktîka

Océan antarctique

Okyanûsa Arktîk

Océan arctique

Cemsera Bakûr

pôle nord

Cemsera Başûr

pôle sud

Antarktîka

Antarctique

erd

terre

ax

pays

behir

mer

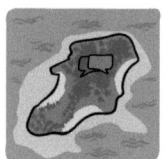

dûrge

île

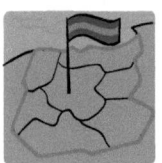

milllet

nation

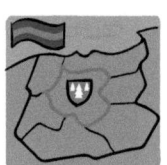

welat

état

rûyê saet

cadran

nişanderka demjimêr

aiguille des heures

nişanderka deqe

aiguille des minutes

nişanderka saniye

aiguille des secondes

Seet çende?

Quelle heure est-il ?

roj

jour

dem

temps

niha

maintenant

saetê dicîtal

montre digitale

deqe

minute

seet

heure

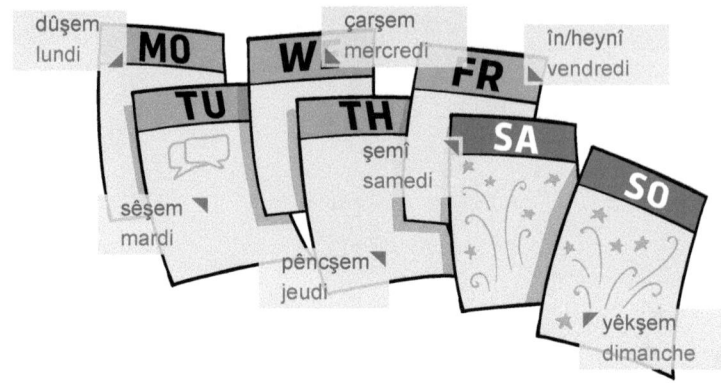

dûşem / lundi
çarşem / mercredi
în/heynî / vendredi
sêşem / mardi
şemî / samedi
pêncşem / jeudi
yêkşem / dimanche

duh

hier

îro

aujourd'hui

sibey

demain

sibe

matin

nîvro

midi

êvar

soir

rojên karê

jours ouvrables

dawiya hefte

week-end

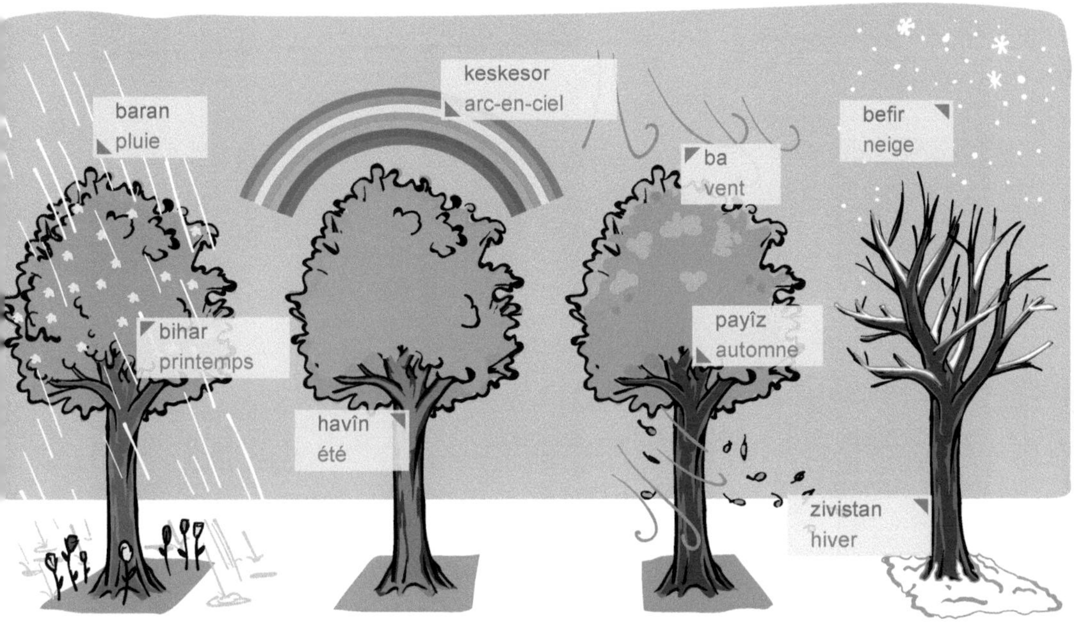

baran
pluie
keskesor
arc-en-ciel
befir
neige
ba
vent
bihar
printemps
payîz
automne
havîn
été
zivistan
hiver

4.APRIL 11°
5.APRIL 4°
6.APRIL 13°
7.APRIL 8°
8.APRIL 10°

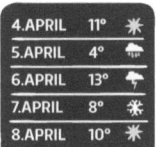

pêşbîniya hewa

météo

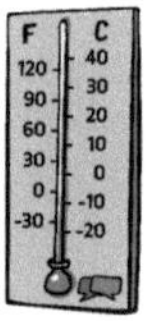

F
C

tehnpîv

thermomètre

tav

lumière du soleil

hewr

nuage

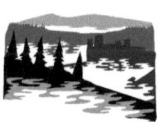

mij

brouillard

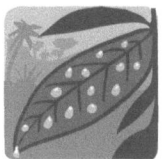

hêmî

humidité

birq

foudre

brûsk

tonnerre

tofan

tempête

terg

grêle

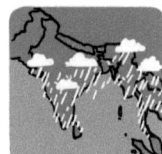

mansûn

mousson

lehî

inondation

cemed

glace

rêbendan

janvier

reşeme

février

newroz

mars

gulan

avril

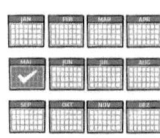

cozerdan

mai

pûşper

juin

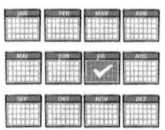

gelawêj

juillet

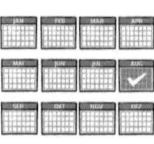

xermanan

août

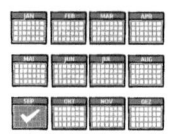

rezber
....
septembre

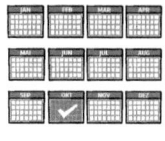

kewçêr
....
octobre

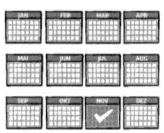

sermawez
....
novembre

befranbar
....
décembre

şêwe
formes

çember
....
cercle

çarçik
....
carré

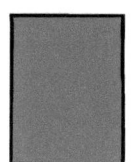

çarqozî
....
rectangle

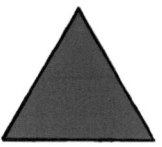

sêqozî
....
triangle

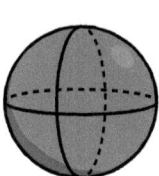

qada
....
sphère

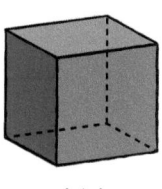

xiştek
....
cube

sipî

blanc

zer

jaune

pirteqalî

orange

pembe

rose

sor

rouge

mor

violet

şîn

bleu

kesik

vert

qehweyî

marron

gewr

gris

reş

noir

zor / kêm

beaucoup / peu

bi hêrs / bêdeng

fâché / calme

bedew / nerind

joli / laid

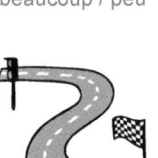

destpêk / dawî

début / fin

mezin / biçûk

grand / petit

ronî / tarî

clair / obscure

brak / xwişk

frère / soeur

pagij / girêj

propre / sale

tevî / netemam

complet / incomplet

roj / şev

jour / nuit

mirî / zindî

mort / vivant

fire / teng

large / étroit

xweş / nexweş

comestible / incomestible

nebaş / baş

méchant / gentil

bi heyecan / aciz

excité / ennuyé

qelew / zirav

gros / mince

yekemîn / dawîn

premier / dernier

heval / dijmin

ami / ennemi

tijî / vala

plein / vide

req / nerm

dur / souple

giran / sivik

lourd / léger

birçî / tînî

faim / soif

nexweş / sax

malade / sain

neqanûnî / qanûnî

illégal / légal

rewşenbîr / balûle

intelligent / stupide

çep / rast

gauche / droite

nêzî / dûr

proche / loin

nû / bikarhatî
....
nouveau / usé

hîç / tiştek
....
rien / quelque chose

kal / ciwan
....
vieux / jeune

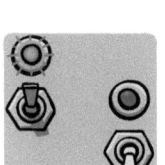

li / ji
....
marche / arrêt

vekirî / girtî
....
ouvert / fermé

aram / dengbilind
....
faible / fort

dewlemend / reben
....
riche / pauvre

rast / şaş
....
correct / incorrect

dirr / hilû
....
rugueux / lisse

xemgîn / şa
....
triste / heureux

kurt / dirêj
....
court / long

hêdî / zû
....
lent / rapide

şil / ziwa
....
mouillé / sec

germ / hênik
....
chaud / froid

şerr / aşitî
....
guerre / paix

0

sifir

zéro

1

yek

un / une

2

dû

deux

3

sê

trois

4

çar

quatre

5

pênc

cinq

6

şeş

six

7

heft

sept

8

heşt

huit

9

neh

neuf

10

deh

dix

11

yazde

onze

12
dazde

douze

13
sêzde

treize

14
çarde

quatorze

15
pazde

quinze

16
şazde

seize

17
hefde

dix-sept

18
hejde

dix-huit

19
nozdeh

dix-neuf

20
bîst

vingt

100
sed

cent

1.000
hezar

mille

1.000.000
milyon

million

Inglîzî

anglais

Inglîziya Amerîkî

anglais américain

Çînî Mandarîn

chinois mandarin

Hindî

hindi

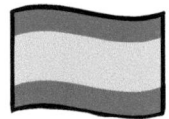

Îspanyolî

espagnol

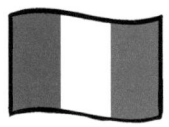

Frensî

français

Erebî

arabe

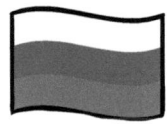

Rûsî

russe

Portugalî

portugais

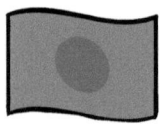

Bengalî

bengali

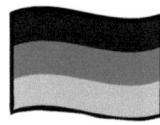

Elmanî

allemand

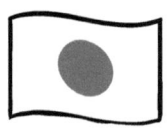

Japonî

japonais

min
je

tu
tu

ew / ev / ew
il / elle / ce, c', cela

em
nous

tu
vous

ew
ils / elles

kî?
Qui ?

çi?
Quoi ?

çawa?
Comment ?

kû?
Où ?

kengî?
Quand ?

nav
nom

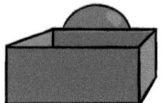

piştî

derrière

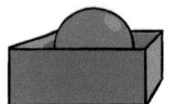

li

dans

pêşî

devant

ser

au-dessus

ser

sur

bin

en-dessous

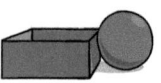

kêlek

à côté de

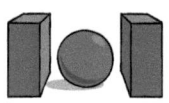

navber

entre

cih

lieu